AF247982

AUTREFOIS

AUJOURD'HUI

PRÉCÉDÉ

D'une Lettre de M. Paul **BERT**, Député

PAR

DEDIEU JEUNE

Maire de Villeurbanne

(RHONE)

PRIX : **30** CENTIMES

EN VENTE CHEZ L'AUTEUR

Rue Belle-Combe

LYON-CHARPENNES

1883

AUTREFOIS

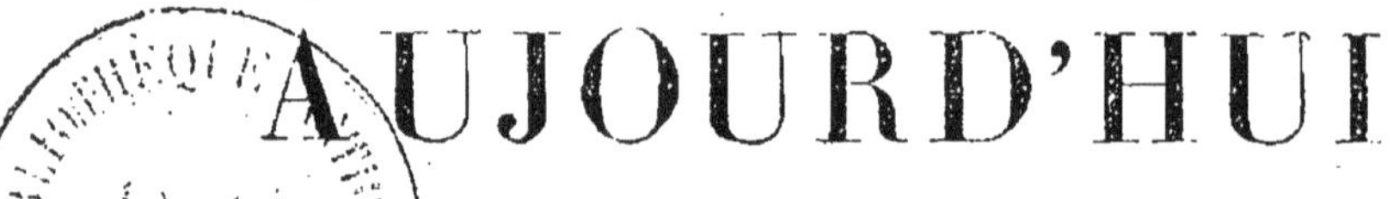

AUJOURD'HUI

PRÉCÉDÉ

D'une Lettre de M. Paul **BERT**, Député

PAR

DEDIEU JEUNE

Maire de Villeurbanne

(RHONE)

PRIX : 30 CENTIMES

EN VENTE CHEZ L'AUTEUR

Rue Belle-Combe

LYON—CHARPENNES

1883

LETTRE DE M. PAUL BERT

Mon cher Monsieur,

Je ne saurais mieux étrenner le magnifique encrier dont nos amis lyonnais de la *Société du Denier des Ecoles* viennent de me faire don, qu'en écrivant les quelques lignes que vous me demandez pour mettre en tête de votre brochure : *Autrefois, aujourd'hui* !

Lorsque j'entends dénigrer le temps présent et vanter le passé par les descendants des privilégiés d'autrefois, je ne m'en étonne ni ne m'en indigne, toutes réserves faites sur la grandeur d'âme de ces prétendus Français, qui ne peuvent pardonner à la Révolution d'avoir fait la fortune de la France en les soumettant à la loi commune. Mais je ne sais s'il faut rire ou se mettre en colère lorsque ces soupirs de regrets pour le *bon vieux temps* sont exhalés par les fils d'ouvriers que la Révolution a libérés des maîtrises, de paysans à qui elle a donné la terre, de serfs qu'elle a faits hommes libres, et qui tous seraient encore sans elle taillables et corvéables à *merci*.

Fort tranquillement, sans vous irriter, vous dites leur fait à ces gens qui se lamentent avec ou sans sincérité. Et au peuple qu'ils essaient de tromper, dont ils veulent exploiter l'ignorance et la mémoire trop courte, vous rappelez, ce qui est une œuvre pie, les horreurs du *bon vieux temps*.

Vous dites aussi leur fait à ces corrupteurs et exploiteurs qui, arrivés au pouvoir par le dévouement et le courage du peuple, n'ont pas su comprendre quel rôle magnifique ils avaient à jouer en se faisant les éducateurs du peuple, et n'ont eu d'autre souci que de substituer à l'aristocratie de naissance l'aristocratie de l'argent.

Enfin, vous flétrissez, comme ils le méritent, les fourbes qui, ne pouvant plus enlever à la Nation le suffrage universel qui la faisait souveraine, ont su habilement le corrompre et le violenter, et qui, après dix-huit ans d'une prospérité factice, ont ruiné la France et l'eussent déshonorée sans la République et sans Gambetta.

Tout cela est fort bien, mais vous faites mieux encore, et non content de combattre les ennemis de la République, vous avez le courage de donner à ses amis de bons et utiles conseils.

Confiance et concorde, leur dites-vous. Rien n'est plus nécessaire aujourd'hui, parce que rien n'est plus dangereux que l'esprit de suspicion et de défiance. C'est lui qui dissout les majorités et prépare le triomphe des réactions. Nos adversaires l'entretiennent soigneusement parmi nous, par des moyens plus ou moins avouables et avec l'appui de personnalités quelquefois si notoirement vendues à eux qu'on se demande comment elles peuvent obtenir le moindre crédit. Calomnier les plus fermes républicains, enchérir sur les plus absurdes promesses, c'est-à-dire mentir pour le passé et mentir pour l'avenir, voilà le procédé. Je ne me résoudrai jamais à croire qu'il puisse réussir dans un pays qui s'appelle France.

Démasquez ces agents conscients ou inconscients des réactions qui recommencent à espérer ; éclairez ce peuple si honnête et malheureusement parfois si crédule sur la distinction si nécessaire entre le désirable et le possible. Vous aurez ainsi bien mérité de la France et de la République.

Cordialement votre

Paul BERT.

Paris, 22 juillet 1883.

AUTREFOIS, AUJOURD'HUI

A NOS LECTEURS

Le titre de cette nouvelle brochure indique suffisamment le but que poursuit l'auteur en la publiant.

Depuis tantôt douze ans, nous nous demandons, nous autres républicains, pendant combien de temps encore le Gouvernement continuera d'héberger ces gens gros et gras qui ne font que l'outrager, — qui sont exempts d'impôts — ne produisent rien et jouissent d'immunités inconnues du commun des mortels.

Pendant combien de temps encore, les *séminaires* (*semen*, semence, graine), ces serres chaudes où se conserve et se développe la *graine des jésuites*, où l'on apprend l'art de souffler la discorde dans les ménages en enseignant aux femmes que Dieu (*lisez :* l'Eglise) doit être obéi avant leur mari, hérésie monstrueuse qui, par les dupes qu'elle fait, suffirait à justifier le rétablissement du divorce, pendant combien de temps encore, disons-nous, les séminaires pourront impunément braver la loi sur le recrutement militaire.

Pendant combien de temps encore, ceux qui s'intitulent les ministres d'un Dieu de paix pourront, à leur aise, soit en chaire soit dans leurs journaux, exciter au mépris du Gouvernement, injurier, calomnier, diffamer les républicains, c'est-à-dire la grande majorité de la nation, au point de faire naître l'aversion contre ce Dieu au nom duquel ils ne vomissent que le fiel et la haine.

Tout en approuvant la politique de conciliation suivie jusqu'à ce jour, nous croyons que la longanimité a ses limites et nous estimons qu'il est de l'intérêt du Gouvernement, s'il ne veut pas être dupe, de rappeler à ceux qui feignent de l'ignorer, que personne en France, *pas même un ecclésiastique* n'est au-dessus de la loi.

Laissant donc à nos ministres le soin de se faire respecter, nous pensons qu'il est du devoir de tout citoyen de protester contre les injustes récriminations d'une minorité irréconciliable, qu'il est bon de mettre une fois de plus le *bon vieux temps* face à face avec le *présent*, de démontrer l'insanité de ces raisonnements, tous plus captieux, plus absurdes les uns que les autres, à l'aide desquels Messieurs de la classe dirigeante exploitent la crédulité publique et provoquent à la désobéissance aux lois, raisonnements qui consistent à peindre le sort de l'ouvrier *sous les couleurs les plus sombres*, à rendre le gouvernement de la République responsable de la cherté des vivres et du chômage, et à faire croire que le régime républicain est incapable de donner au peuple l'ordre et la prospérité, *alors que l'ordre n'est troublé que par eux*, et que le chômage, si nous en croyons certaines indiscrétions, est, la plupart du temps, leur œuvre.

⁂

Certes, nous connaissons parfaitement toutes les imperfections de notre état industriel, nous réclamons avec énergie une répartition plus équitable de l'impôt, et nous attendons de la République, *qui seule peut nous les donner*, toutes les réformes économiques et sociales qui doivent assurer à l'ouvrier : *le salaire de chaque jour et la sécurité du lendemain.*

Mais tout en convenant de l'état précaire dans lequel se trouvent encore la plupart des travailleurs, nous croyons que les plaintes seraient moins amères, que les récriminations seraient moins violentes, si chacun consultait loyalement sa conscience afin de savoir si son extrême indigence n'est point le fait de sa paresse ou de son inconduite, si chacun se disait qu'aucun pouvoir légal ne peut donner au *paresseux* l'activité, au *prodigue* la prévoyance, à l'*ivrogne* la sobriété.

Quant à nous, qui étudions ce problème de bien près et de longue date et qui, dans l'intérêt du peuple, préférons dire la vérité, nous affirmons avec notre franchise habituelle que *ceux qui jettent les plus hauts cris* appartiennent généralement à cette dernière catégorie.

L'ouvrier laborieux et rangé discute, au contraire, avec modération et comprend parfaitement que les problèmes sociaux sont hérissés de difficultés et ne peuvent se résoudre qu'avec le temps, et, — comme le dit fort bien M. Waldeck-Rousseau, — *par les voies pacifiques*.

Malheureusement, ils sont encore nombreux ceux qui gaspillent leur argent hors de leur ménage, et qui ne recommencent leur semaine que le mardi, parfois même le mercredi.

Mais si l'on remonte des effets à la cause, on découvrira sans peine que ces détestables habitudes sont le produit des deux régimes corrupteurs que nous avons subis, c'est le triste bénéfice que nous a laissé le système démoralisateur inauguré par Louis-Philippe et continué par l'Empire.

Espérons que ces parasites de la classe ouvrière, qu'encouragent les despotes et que nous considérons, nous, comme une horrible plaie sociale, l'enseignement civique et moral les fera bientôt disparaître, et ce ne sera pas l'un des moindres bienfaits du régime républicain.

Cette digression n'était pas inutile : elle vient, au contraire, à l'appui de notre thèse, puisque nous avons entrepris de démontrer que toutes les misères du peuple lui viennent du despotisme, de même que les changements favorables qui sont survenus dans notre manière de vivre aussi bien que dans nos institutions politiques et sociales, nous viennent de la République : on ne saurait nier, en effet, que la marche générale de l'humanité vers la perfection et le bonheur ne soit l'œuvre, uniquement l'œuvre, de notre immortelle Révolution de 1789.

* *

Celui qui veut se livrer à l'étude de la politique et chercher la voie à suivre doit remonter le cours des siècles et comparer les temps anciens au temps présent, afin de juger en connaissance de cause, sainement et sans parti pris, les arguments de ceux qui voudraient nous ramener en arrière, et les impatiences de nos amis qui demandent à voyager en poste sans avoir préalablement disposé les relais.

Faisons donc ensemble cette excursion et, sans entrer bien avant dans le passé, arrêtons-nous au *roturier du* XVIIIe *siècle*, et comparons-le au *citoyen* d'aujourd'hui.

Nous reconnaîtrons alors que depuis la proclamation des Droits de l'Homme, depuis moins d'un siècle, un progrès considérable s'est opéré en faveur du peuple sous les chauds rayons de ce bienfaisant Soleil qu'on nomme — la Liberté.

On remarquera aussi que des conditions plus dures lui ont été imposées chaque fois qu'il s'est écarté des principes de 1789, chaque fois qu'il a abdiqué sa souveraineté *au profit d'un seul* et au détriment de tous, et surtout au détriment *de la sécurité du pays*.

Nous en avons fait une assez triste expérience : l'épouvantable catastrophe de 1870 n'est pas encore tellement éloignée de nous pour que nous ne nous rappelions quelles causes l'ont amenée et comment une nation de près de 40 millions d'habitants a pu être si vite bâillonnée.

LE BON VIEUX TEMPS

En vérité, il est vraiment étrange d'entendre tous ces don-
neurs d'eau bénite se lamenter, *verser des larmes de croco-
dile* sur les misères du peuple alors que ce même peuple est
beaucoup plus heureux qu'il ne l'était sous leur domination.

Voyons, Messieurs les bons apôtres, comment, de votre
temps, le traitiez-vous, ce pauvre JACQUES BONHOMME ?

Nous allons vous le dire en nous appuyant sur des autorités
que vous ne récuserez pas.

N'aimant pas à nous répéter, nous ne citerons pas les paroles
indignées échappées à la plume de LA BRUYÈRE :

> L'on voit certains animaux farouches.....

nous renvoyons nos lecteurs à notre brochure : *Opportunistes
et Intransigeants*, publiée l'an dernier.

Mais voici ce qu'écrivait, en 1740, l'évêque MASSILLON, *l'un
de vos meilleurs*, celui qui, à la grande surprise du Régent,
lequel cependant connaissait à fond la bassesse humaine, *con-
sentit à sacrer* archevêque de Cambray le fameux cardinal
DUBOIS :

« Le peuple des campagnes, écrivait MASSILLON, vit dans un
dénûement affreux, sans lits, sans meubles, mangeant du pain
d'orge et d'avoine. »

Nous lisons également dans les mémoires de SAINT-SIMON :

« Les paysans de Normandie se nourrissent de l'herbe des
champs. »

Enfin, le duc d'Orléans, lui-même, porte au Conseil du Roi
un morceau de *pain de fougère*, le pose sur la table et dit :

« Sire, voilà le pain dont vos sujets se nourrissent. »

Et ceci se passait la veille même de notre immortelle Révolution.

Les dix-neuf vingtièmes de la population ne possédaient aucune propriété et, dit Paul BERT, l'on comptait encore en France des centaines de mille serfs, attachés à la glèbe, ne pouvant ni quitter le sol ni posséder.

Ce fut dans l'immortelle nuit du 4 août 1789 que le servage fut définitivement aboli en France par l'Assemblée nationale.

Le Tiers-Etat possédait seulement un *quart du sol*, écrasé par les impôts, les droits seigneuriaux et la dime ecclésiastique.

Les trois autres quarts étaient la propriété exclusive de la noblesse et du clergé et étaient *exempts d'impôts*.

Le paysan qui labourait la terre, qui l'arrosait, la fécondait de ses sueurs, n'en acquérait l'usage qu'au prix de *droits*, de *redevances*, de *servitudes* sans nombre.

Tout d'abord, les religieux et les curés prélevaient la *dîme* sur toutes les récoltes. Qu'il fît beau temps ou qu'il plût, *le blé coupé restait dans le champ* en attendant que les receveurs de la dîme eussent fait le prélèvement dans lequel la bonne mesure était largement prise : *une gerbe sur sept !*

C'était un pillage éhonté, et ce pillage se faisait au nom de Dieu par ceux qui s'intitulaient les ministres de Dieu.

* *

Puis, venaient les taxes de toutes sortes : la **taille**, la **capitation**, la **gabelle**, les **aides**, les **corvées**, etc., etc.

Ensuite, les **droits seigneuriaux**, tels que le **moulin banal**, le **four banal**, le **pressoir banal**.

Le paysan ne pouvait ni moudre son blé, ni cuire son pain, ni faire son vin chez lui et librement. Il fallait se rendre au moulin, au four, au pressoir du seigneur et, bien entendu, ce n'était pas gratuitement. Dans certaines localités, le vigneron devait céder au propriétaire du pressoir le huitième de sa récolte. Si l'on essayait de se dérober à ces obligations, le seigneur *avait le droit* — et il en usait — de faire confisquer le pain ou la pâte des récalcitrants qui ne se rendaient point à son four (1).

(1) Compayré, *Education civile et morale*.

Le droit de **colombier** et le **droit de garenne** qui forçaient le malheureux paysan à laisser dévorer ses récoltes par les pigeons ou par les lapins du seigneur.

« On construisait des garennes partout. Le roi et les seigneurs protégeaient les lapins plus qu'ils ne protégeaient les laboureurs. *Un seul jour de plaisir, disent les cahiers de 1789, prive la moitié de la province d'une année de subsistances.* Les récoltes étaient dévastées par le gibier quand elles n'étaient pas saccagées par le chasseur et par ses chiens (1). »

Le peuple était tellement malheureux qu'en 1763, le Parlement de Rouen, adressant au Roi des remontrances contre le poids des impôts, disait :

« Les maux sont à leur comble et présagent l'avenir le plus effrayant. »

Indifférent à tout ce qui ne le touchait pas directement, aux doléances du peuple aussi bien qu'aux sages conseils qui lui venaient des écrivains les plus célèbres, de Voltaire, de J.-J. Rousseau, de Montesquieu, de Diderot, Louis XV, *qui n'avait vu dans le pouvoir que le droit de satisfaire ses plus honteuses passions*, répondait avec son cynisme habituel : *Après moi le déluge* (2). »

PACTE DE FAMINE

De là, d'épouvantables misères, des famines atroces qui se reproduisaient pour ainsi dire périodiquement et d'où naissaient de terribles insurrections, bientôt suivies de répressions sanglantes plus terribles encore.

L'accaparement des blés, connu sous le nom de *Pacte de famine*, vint encore compliquer la situation en aggravant la misère de ce peuple déjà si misérable.

Nobles et prêtres s'accordaient comme des larrons en foire, achetaient à vil prix tous les blés du royaume afin de provoquer la hausse dans les années d'abondance et une disette

(1) Compayré, *Education civile et morale.*
(2) Ed. Zevort, *Histoire de France.*

affreuse dans les années médiocres, puis revendaient le blé au peuple à des prix exorbitants dès que la famine était venue.

Oui, ce monarque corrompu, que l'histoire a surnommé le *bien-aimé*, par allusion, sans doute, à ses nombreux *attentats à la pudeur*, Louis XV lui-même, était à la tête de cette infâme conspiration dont les ministres, les principaux membres de la *Noblesse*, du *Clergé*, de la *Magistrature* et de la *Finance* étaient les instigateurs.

Tel était, disons-nous, la veille de la Révolution, l'affreux sort de l'habitant des campagnes.

ROTURIER

Et pour mieux le connaître, suivons-le, ce paysan, ce fils de Jacques Bonhomme ; pénétrons avec lui quand, le soir venu et après une journée d'un fatigant labeur, il rentre dans sa cabane, dans *sa tanière*, comme dit LA BRUYÈRE.

Va-t-il, pour réparer ses forces, s'asseoir, comme le paysan *d'aujourd'hui*, à une table bien garnie autour de laquelle circule une joyeuse ménagère empressée de le servir ?

Retrouve-t-il au logis cette joie sainte de la famille ? Son cœur s'enivre-t-il de cette musique divine, doux gazouillement produit par le charmant babil de ses enfants racontant ce qu'ils ont appris à l'école ?

Hélas non !

Sa figure porte l'empreinte de la lassitude et du découragement ; ses yeux cherchent avec angoisse, dans cet antre obscur, tous ceux qui lui sont chers.

Debout et devant lui, une forme humaine, hâve, décharnée, enlaidie par la misère et vieille avant l'âge... c'est sa compagne ; tout au fond, dans un coin, accroupis sur la terre humide, se serrant les uns contre les autres pour se réchauffer, — de pauvres petits être nus et malpropres.

C'est là tout l'espoir de sa vieillesse !

Alors, de sombres pensées agitent son âme : héritier des longues douleurs de ses ancêtres, il songe — silencieux et désolé — à sa misère — à celle de sa compagne — à celle de ses enfants. Il contemple avec une amère tristesse — la maigre soupe qui fume dans l'âtre — ses vieux meubles délabrés — la huche vide — l'armoire sans linge..........................

Son regard, perdu comme dans un rêve, s'arrête un instant sur la muraille nue ; mais bientôt un bruit, venu du dehors, le tire de sa torpeur, et ce même regard — maintenant chargé de haine — se reporte vers le château qui domine la vallée, vers cette forteresse environnée de fossés et de remparts flanqués de tours, vers cette splendide demeure d'un courtisan repu d'où partent les joyeuses clameurs d'une orgie.

Il semble qu'il cherche à pénétrer l'avenir.

Riez, riez, mes maîtres ! le jour de la délivrance approche, — et le réveil sera terrible !

*
*   *

Ce tableau, quelque sombre qu'il paraisse, n'est qu'un bien faible diminutif des douleurs, des souffrances de nos ancêtres : toutes les vexations, tous les outrages leur étaient prodigués ; il suffisait de déplaire à l'un des nombreux valets du château — ou bien à un simple moine — pour être exposé aux plus odieuses persécutions.

N'oublions pas que le seigneur avait droit de justice sur ses terres.

Faut-il vous montrer un malheureux père *fouetté de verges, dans la cour du château*, parce qu'il réclamait sa fille, *enlevée pour les plaisirs du Maître ?*

Où bien encore, cette histoire authentique que nous tenons de notre aïeul, décédé en 1838 à l'âge de 86 ans, celle de deux jeunes époux, obligés de s'enfuir le jour même de la célébration du mariage parce que le seigneur de l'endroit avait exprimé sa volonté expresse de revendiquer son droit *de première nuit des noces !*

Ils ne rentrèrent qu'après le départ du noble comte qui fut *l'un des premiers à émigrer.*

On ne saurait trop le répéter, tout ceci se passait il y a un siècle à peine.

CITOYEN

Vous qui vous plaignez, aujourd'hui, des rigueurs du sort et qui en accusez le régime républicain, soyez donc plus équitables : demandez aux anciens, à ceux qui ont 70 ou 80 ans, s'ils n'ont pas entendu leurs parents raconter toutes ces atrocités, et comparez les anciennes tanières ainsi que le pain d'avoine ou de fougère, à vos riches fermes où règnent l'abondance, la propreté, voire même le luxe, — et les persécutions *d'autrefois*, à tous les droits que vous possédez *aujourd'hui*.

Cette terre que vous cultivez est bien à vous ; tout ce qu'elle produit vous appartient.

Vous moissonnez, vous vendangez quand bon vous semble et sans la permission du curé ; vous ne devez plus ni redevances au seigneur ni dime à l'Eglise.

Et si vous surprenez dans votre champ, dans votre pré ou dans votre luzernière, une vache, une chèvre ou une brebis, vous obtenez de son propriétaire, fut-il *le Maire* de votre commune ou *le Curé* de votre paroisse, dix fois la valeur du dommage que la bête vous a causé.

Ce droit absolu de propriété dont vous jouissez *aujourd'hui*, à qui le devez vous ?

A la *Révolution*, c'est-à-dire à la *République*.

*

Et vous, gens des villes, étiez-vous plus heureux ?

Vous allez en juger par cette lettre fort édifiante que nous empruntons au Manuel PAUL BERT, à cet admirable traité de l'instruction civique, lequel aurait valu à son auteur l'honneur du bûcher si l'Inquisition existait de nos jours.

C'est une lettre de Mme la marquise DE SÉVIGNÉ à sa fille, Mme la comtesse de GRIGNAN, et qui porte la date du 30 octobre 1675.

« Voulez-vous savoir des nouvelles de Rennes ?

« On a chassé et banni toute une grande rue, et défendu de « recueillir les habitants sous peine de la vie : de sorte qu'on

« voyait tous ces misérables, vieillards, enfants, errer et pleurer
« au sortir de cette ville, sans savoir où aller, sans avoir de
« nourriture. On a pris soixante bourgeois, et on commence
« demain à pendre. *Cette province est d'un bel exemple pour*
« *les autres.* »

Et M. Paul Bert ajoute cette réflexion : Vous voyez, cela
l'amuse, la marquise, ce ne sont que des *roturiers* que l'on
pend !

Oui, *sous l'ancien régime et jusqu'en 1789*, nous n'étions
que des roturiers, des vilains, des manants que l'on pouvait
rosser et embastiller impunément, l'histoire nous en fournit
une preuve frappante en la personne du plus distingué des
manants, de Voltaire lui-même, qui, bâtonné dans les rues de
Paris par les laquais du chevalier de Rohan-Chabot, fut ensuite
jeté à la Bastille d'où il sortit au bout de six mois avec ordre
de quitter le royaume.

Son crime était d'avoir, dans un dîner chez le duc de Sully,
répondu par des mots piquants au mépris que lui témoignait
le hautain chevalier.

* *

Aujourd'hui, tous les Français sont égaux devant la loi : le
plus humble, le plus obscur, le plus pauvre des travailleurs de
la campagne comme de la ville a, tout aussi bien que le million-
naire, la plénitude des droits civils et politiques, et, dans la
balance du suffrage universel, son vote pèse le même poids que
celui d'un député, d'un sénateur, d'un ministre.

Il était autrefois un *roturier*, un *paria*, il est aujourd'hui un
homme, un *citoyen* ; il peut devenir lui-même député, sénateur, ministre, il peut prétendre à la plus haute magistrature
du pays.

LIBERTÉ DU TRAVAIL

Avant la Révolution de 1789, l'ouvrier, de père en fils, était
rivé à son métier et ne pouvait en faire un autre ni se
déplacer.

Le travail était le privilège de nombreuses *corporations* qui, toutes, se jalousaient les unes les autres.

Dans chacune d'elles, il n'y avait qu'un certain nombre de *maîtres*, un certain nombre d'*apprentis*, et ce n'est qu'après avoir travaillé pendant cinq années consécutives chez le même maître qui, lui-même, ne pouvait avoir qu'un seul apprenti, puis pendant cinq autres années en qualité de *compagnon*, que l'on pouvait *passer maître*, acquérir le privilège de devenir *patron*, et encore, moyennant une bonne somme d'argent, et à condition d'exécuter un chef-d'œuvre *accepté par les maîtres*, lesquels se montraient d'autant plus difficiles qu'ils avaient tout intérêt à ne pas se créer *un concurrent de plus* (1).

N'était donc pas apprenti qui voulait, car il était défendu de travailler en dehors des corporations, de même qu'un patron ne devait faire que juste le métier dont il avait la maîtrise.

Ainsi, il n'était pas permis au maître tailleur de réparer un habit ; cela regardait le fripier qui, lui-même, n'avait pas le droit de faire un habit neuf.

Le maître cordonnier laissait réparer les souliers par le savetier qui, de son côté, ne devait pas faire des souliers neufs, *pas même pour sa femme et ses enfants.*

De même, les boutons couverts d'étoffe furent longtemps proscrits, parce que les boutonniers d'or et de nacre poursuivirent à outrance les boutons d'étoffe qui coûtaient moins cher. Le Parlement ordonna même aux officiers de police *de couper, dans la rue,* les nouveaux boutons *sur les habits de ceux qui les portaient* (2).

C'est dans toutes ces entraves apportées au travail que l'on trouve l'explication naturelle, logique, de la marche lente du progrès avant la Révolution, car les inventions utiles et économiques, nécessitant des métiers nouveaux, avaient beaucoup de peine à s'établir parce que les anciennes corporations y voyaient une atteinte à leurs droits.

(1) Paul Bert, *Instruction civique.*
(2) Compayré, *Instruction civique.*

C'est encore à la *Constituante* que revient l'honneur d'avoir, le 13 février 1791, supprimé définitivement le régime des corporations.

* *

Aujourd'hui, la liberté du travail est un droit acquis ; chacun est libre de choisir le métier qui lui plaît, de l'exercer partout où il veut et d'en changer à volonté,

Assurément, le présent a ses misères ; mais quel est celui d'entre nous qui voudrait que le dix-neuvième siècle, celui dans lequel nous vivons, ressemblât au meilleur des siècles précédents ?

Certes, il reste beaucoup à faire, et, sur cette question du travail, le progrès, nous l'espérons bien, n'a pas encore dit son dernier mot ; mais les nombreuses réformes accomplies depuis 1879, *depuis que la République est aux républicains*, ne sont-elles pas un heureux présage de celles qui suivront ; et tous les projets de loi que l'on discute en ce moment, tous ceux qui sont à l'ordre du jour ou à l'étude ne sont-ils pas la preuve irréfragable de l'intérêt que portent aux classes laborieuses les éminents citoyens qui nous gouvernent, ceux-là mêmes qui ont déjà fondé la République et dont la plus grande gloire consiste assurément à ne pas laisser détruire leur ouvrage ?

INSTRUCTION OBLIGATOIRE

Mais lorsque toutes ces lois seront votées et promulguées, le problème sera-t-il définitivement résolu ? la situation de l'ouvrier sera-t-elle parfaite ?

Nous n'hésitons pas à répondre négativement.

En effet, le mal n'est pas seulement là où on le cherche ; il est bien plus dans nos mœurs que le despotisme s'est efforcé de corrompre en même temps qu'il négligeait l'instruction des masses, sachant bien qu'il ne pourrait régner sur un peuple nstruit et vertueux.

« On ne saurait longtemps, dit Lamenais, priver un peuple de ses droits qu'en l'empêchant de les connaître. Pour l'abaisser socialement, il est nécessaire de l'abaisser intellectuellement ; il faut *l'abrutir* pour le traiter et le gouverner *comme la brute.*

« Si donc la force commence l'oppression, *l'ignorance la prolonge.*

« Aussi voit-on tous les despotismes s'appliquer soigneusement à la maintenir, et pour eux rien de plus sage, *car elle est une indispensable condition de leur durée.* »

C'est ainsi qu'ont procédé tous les despotes qui ont successivement régné sur la France.

Voyez les sacrifices que s'impose le Gouvernement républicain pour l'éducation de ses enfants, et... comparez!

Et maintenant que nous avons reconquis tous nos droits, toutes nos libertés, le meilleur moyen de les conserver, c'est — de nous instruire !

Car tout gouvernement fondé sur le double principe de l'égalité des droits civils et de l'élection, sera toujours *anarchique* et *chancelant* si l'on néglige de porter la lumière au sein de l'obscurité des masses : c'est pourquoi nous devons graver sur l'airain les noms de Jules Ferry, de Paul Bert et de tous les grands citoyens qui nous ont donné la loi du 28 mars 1882 sur l'enseignement gratuit, obligatoire et laïque, — non-seulement les noms des honorables Députés et Sénateurs qui ont apposé leur signature au bas de ce monument mémorable, mais aussi ceux de Jean Macé, d'Emmanuel Vauchez et de tous les éminents fondateurs du Cercle parisien de la Ligue française de l'Enseignement, qui, avec une persévérance dont nous devons conserver précieusement le souvenir, ont su préparer l'opinion publique à recevoir cet immense bienfait.

MENÉES JÉSUITIQUES

On déblatère sans cesse et tous les jours contre l'augmentation des impôts ; on nous parle de la cherté des vivres et du chômage et l'on insinue, à la mode de Bazile, que, sous la République, le peuple ne peut être heureux.

Les impôts, dites-vous, vont toujours en augmentant ?

C'est la vérité, mais c'est le juste châtiment de la faute que vous avez commise en confiant vos destinées à un misérable qui ne vous apportait cependant pour toute garantie que *ses folies, ses débauches et ses crimes.*

Si vous aviez mieux su vous servir du bulletin de vote, si vous n'aviez pas ratifié le crime du Deux-Décembre ; si, enfin, vous n'aviez pas abdiqué votre souveraineté, vous n'auriez connu ni la honte de Sedan ni la capitulation de Paris ; l'Alsace et la Lorraine ne subiraient pas le joug du Prussien et Metz s'appellerait encore — Metz-la-Vierge !

Nous aurions les milliards qu'ont engloutis les guerres du second Empire et ceux que nous avons donnés à la Prusse.

Et au lieu de faire l'emprunt de la paix, dont il faut servir la rente, nous aurions employé ces milliards à établir des chemins de fer, à creuser des canaux et des ports, à construire des groupes scolaires, des écoles normales et des colléges ; la dette publique, par voie d'amortissement, aurait en partie disparu du Grand-Livre, les Jésuites ne se seraient pas abattus comme une nuée de corbeaux sur le pays et la France tiendrait encore la première place dans le concert européen.

Parler des impôts ! c'est nous rappeler en même temps que la France était vaincue et deshonorée, garottée de toutes parts et mutilée, lorsque la République, comme une fée bienfaisante, est venue lui rendre son honneur, panser ses blessures, endosser ses désastres.

Et c'est quand les plaies commencent à être cicatrisées, que notre armée est réorganisée, que nos arsenaux regorgent d'armes et de munitions, que nos désastres sont presque réparés, c'est quand une nouvelle ère de prospérité s'ouvre pour la France, que vous osez dire, vous qui avez, *d'un cœur léger*, préparé et consommé la ruine du pays, que vous cornez aux populations que le régime républicain est instable, qu'il ne sait que démolir et rien rebâtir ?

Ah ! tenez, il n'y a qu'une réponse à vous faire, c'est celle-ci : En perdant le pouvoir vous avez perdu la raison.

* *

Parlerons-nous du chômage et de la cherté des vivres ?

Vraiment, nous nous demandons si nous devons répondre à des imputations aussi ineptes et s'il n'est point préférable de les traiter comme on fait des lettres anonymes — par le mépris.

Est-ce que dans tous les temps et sous tous les régimes, chaque métier n'a pas eu ses interruptions périodiques de travail ?

Le chômage ne provient-il pas souvent aussi de circonstances tout à fait fortuites, qu'on ne peut prévoir, encore moins conjurer ?

Si, par exemple, l'hiver n'est qu'une continuation de l'automne, le besoin d'un vêtement plus chaud ne se faisant pas sentir, les nombreux ouvriers employés à la fabrication des étoffes ou à la confection des vêtements subissent, *ipso facto*, un chômage fort regrettable, sans doute, mais facile à expliquer.

Ou bien encore, si le printemps est pluvieux, les ouvriers maçons, bien qu'ils aient du travail, ne peuvent le faire, et ce chômage forcé, dont dame Nature seule est coupable, a pour conséquence fatale et inévitable le chômage de tous les ouvriers en bâtiments.

Et comme la misère aigrit le caractère, ceux qui se trouvent dans cette situation vont partout disant que jamais le travail n'a été si mal, que jamais le prix des denrées alimentaires n'a été aussi élevé.

Et nos bons amis, les *cléricaux*, s'empressent d'ajouter qu'il en sera toujours ainsi sous la République.

Nous ne supposons cependant pas qu'aucun homme sérieux puisse accuser un gouvernement de l'inclémence des saisons.

Or, si par suite de gelées, de sécheresse, ou de pluies continuelles, persistantes, les récoltes sont mauvaises, le prix des vivres naturellement augmente, de même qu'il diminue lorsqu'arrivent les bonnes années : c'est la *loi de l'offre et de la demande*.

La hausse des denrées tient encore à d'autres causes, savoir : aux *chemins de fer* et au *libre-échange*; le cultivateur trouvant plus facilement à écouler ses produits les vend plus cher ; il en profite, on ne peut que s'en réjouir.

D'autre part, les importations nous fournissent de nombreux autres produits à meilleur marché ; il y a donc compensation pour le consommateur.

Et de cet échange réciproque naît la *richesse publique*.

Malheureusement, la classe des *imprévoyants* est nombreuse, et les maux que la cessation momentanée du travail fait naître sont pour eux une leçon *trop souvent inutile*, et comme cependant, tout aussi bien que ceux des riches, les besoins des ouvriers sont en proportion de la civilisation et des rapports sociaux, la gêne perpétuelle dans laquelle vivent ces derniers, les irrite, obscurcit leur raison au point de les faire agir à l'inverse de leurs intérêts.

C'est ainsi que, se faisant l'inconscient écho des diatribes réactionnaires, ils accusent la République de ne rien faire pour adoucir leur sort, alors que depuis quatre ans elle marche à pas de géant dans la voie des réformes.

Ils n'ont pas l'air de comprendre que tout était à refaire et que le problème le plus difficile à résoudre est sans contredit celui des *salaires*.

A ceux-ci, nous ne demandons que quelques années de patience ; nous les invitons également à rechercher avec nous le remède à leurs maux, car, quelque dévoué qu'il soit, le législateur ne peut rien sans le concours et la volonté de tous, tout au moins du plus grand nombre.

Ce remède, chacun l'aperçoit, le sent, personne *n'ose le montrer, le nommer.*

Eh bien, il faut avoir la franchise et le courage de le dire :

De même que le *travail* est un antidote contre *l'ennui*, de même la *bonne conduite* est un antidote contre la *misère*.

Voyait-on autrefois des cafés, des cabarets, des brasseries, des comptoirs à l'infini, comme on en voit dans la société actuelle ?

On nous corne sans cesse que le travail ne va pas, que jamais

la misère n'a été si grande, et cependant, tous les établisse-
ments que nous venons de citer regorgent de monde.

Ajoutons que certaines gens y laissent parfois plus d'argent
qu'ils n'en apportent dans leur ménage.

Nous croyons donc, mieux encore, nous sommes convaincu
que la fréquentation assidue des cabarets, où l'on se gorge de
liquides frelatés, ruine le tempérament le plus robuste, obli-
tère la raison et allège la bourse ; nous croyons que le *chômage
volontaire* bien plus que le *chômage forcé*, est souvent la
cause première de l'*extrême indigence*.

En soulevant un coin du voile qui cache cette laideur morale,
ce vice moderne, *inconnu de nos pères*, nous avons voulu rappeler à ceux qui l'oublient *le respect que l'homme se doit à
lui-même*, et nous avons tenu à démontrer que la République
n'a pas eu seulement nos désastres à réparer et nos lois à
refaire, mais qu'elle a encore à reformer nos mœurs, car si
l'*abrutissement* est inséparable du despotisme, la *Moralité* est
l'une des bases fondamentales du régime républicain.

*
* *

La Moralité, disons-nous, est indispensable à la Liberté. En
effet, l'homme esclave de ses passions est indigne de la liberté,
ce qui revient à dire qu'un peuple républicain doit être un
peuple vertueux.

C'est parce que les citoyens vertueux n'étaient pas en assez
grand nombre en 1848 qu'on a pu marier la République à un
condamné en rupture de ban, et c'est en encourageant tous
les vices que le criminel de Décembre a pu se maintenir si
longtemps au pouvoir.

La génération actuelle réussira-t-elle à se débarrasser des
langes de corruption qui l'enveloppent encore !

Nous en doutons, car lorsque les habitudes sont anciennes et
bien enracinées dans l'âme et dans le corps, celui qui les a les
emporte dans la tombe ; mais nous ne désespérons pas : notre
espoir, *la rage cléricale* nous prouve que nous touchons juste,
est tout entier dans ces *beaux traités* d'instruction civique et
morale publiés par les PAUL BERT, les COMPAYRÉ, les LALOI,
dans tous ces nouveaux livres qui enseignent à la jeune géné-

ration tout à la fois leurs devoirs civiques et moraux et l'amour de la Patrie.

Jusque-là, nous pensons qu'il importe de ne point laisser accréditer des calomnies, de ne pas laisser dire, sans protester énergiquement, qu'avec la République le peuple ne peut être heureux, alors que c'est le contraire qui est vrai, alors que c'est à notre immortelle Révolution que le peuple est redevable des changements favorables apportés à son état précaire d'autrefois, état qui aurait toujours été en s'améliorant si nous avions su conserver intact le précieux dépôt que nous avaient légué les héros de 1789.

Quoi qu'en disent les ennemis de nos institutions, la vie est beaucoup plus facile qu'elle ne l'était au début du siècle.

Certes, nous savons parfaitement que les denrées alimentaires coûtent beaucoup plus, mais il est non moins vrai que l'on obtient à bien meilleur marché les objets fabriqués et que, d'autre part, le prix de la journée de travail a presque triplé depuis 1830.

Nous nous souvenons qu'à cette époque, le travailleur des champs était couvert de haillons, qu'il marchait pieds-nus, vivait de pain de seigle et de raves, buvait du vin le dimanche seulement et ne mangeait de la viande que les jours fériés.

Quelques-uns auraient pu mieux faire, il est vrai, mais les anciens étaient là *pour rappeler les misères passées* et conseiller à leurs enfants la *tempérance* et l'*économie*.

Aujourd'hui, personne ne marche plus nu-pieds, ce qui n'est pas un mal, et, le dimanche, on ne saurait distinguer, à sa toilette, la femme de l'ouvrier de celle du riche ; enfin, chacun boit du vin et mange de la viande tous les jours, peut-être pas encore autant qu'il le faudrait, mais il n'en est pas moins vrai qu'il y a un progrès réel et tout en faveur de la société moderne.

** **

D'où vient donc que, dans des conditions plus favorables, l'ouvrier se trouve moins heureux que ses aînés ?

La raison en est simple ; c'est que le monde s'est complètement transformé depuis un demi-siècle : de même qu'un enfant grandit sous les yeux de ses parents sans que ceux-ci s'en aperçoivent, parce qu'ils le voient tous les jours, de même il nous semble que le monde dans lequel nous vivons a toujours été ce que nous le voyons, c'est une illusion d'optique : mais si, par la pensée, nous nous représentons le monde tel qu'il était, il y a cinquante ans, nous reconnaissons bien vite que le genre de vie, les habitudes, les plaisirs, ne sont plus les mêmes.

LA GÉNÉRATION DE 1830

En effet, élevée à l'école du malheur, la génération de 1830 avait conservé la simplicité patriarcale de ses ancêtres.

L'homme des champs ne voyait rien au-delà de sa maison, de son foyer domestique, de sa famille ; il ne se plaisait que dans son intérieur ; ses mœurs austères, ses habitudes de frugalité, de tempérance prolongeaient ses jours et le préservaient de bien des infirmités, qui ne sont le plus souvent que les suites de l'inconduite.

Réunir à sa table tous les membres de sa famille, le jour de la fête patronale, de la fête du village, c'était là sa joie la plus pure.

Ce jour-là, on ne ménageait rien, on vidait la tirelire, on mettait tout *pour écuelles et pour assiettes*. Que voulez-vous ? *il fallait bin régaler les petiots qui veniont de si loin tout asqueprès pour vair les vieux.*

Le repas durait toute la journée et se prolongeait même une partie du lendemain ; le luxe et l'appareil des festins n'y étaient pas, mais l'abondance et la joie y régnaient.

Les vieux parents étaient honorés et respectés ; le plus âgé occupait la place d'honneur ; toutes ses paroles étaient accueillies avec déférence, il était considéré comme un oracle.

⁂

Chez nos ouvriers des villes même simplicité dans les goûts, même austérité dans les mœurs, mêmes habitudes d'ordre et d'économie.

Faire *toilette* le dimanche, partir, dès le matin, à la campagne, avec un panier rempli de provisions de bouche, dîner sur l'herbe, rapporter, le soir, un gros bouquet de fleurs des champs, voilà pour ces honnêtes familles de travailleurs une provision de bonne humeur pour toute la semaine.

L'hiver, il y avait les veillées des dimanches ; on se réunissait tantôt chez l'un, tantôt chez l'autre ; c'était, disait-on, une première économie de lumière et de combustible.

Les hommes, *Maîtres et Compagnons*, jouaient au *cinq-cents* ou au *reims*, les mamans causaient ensemble (*taillaient leur bavette*), pendant que les enfants et les *apprentisses* épuisaient tous les jeux innocents : *Martin vit... Je te remets mon corbillon*, etc., etc.

A neuf ou dix heures on se quittait avec promesse de se retrouver ensemble le dimanche suivant.

Il y avait bien quelques cafés où les négociants donnaient des rendez-vous pour affaires, mais il y avait fort peu de cabarets.

On ne connaissait à Lyon, qu'une ou deux brasseries seulement, mais aucun de ces nombreux *comptoirs-buvettes* devant lesquels on ne peut plus passer aujourd'hui *sans entrer prendre un verre*.

Enfin, l'ouvrier, soucieux de ses vieux jours, évitait les occasions de dépenser son argent, *et vivait en parfaite intelligence avec les patrons*.

A l'heure actuelle, c'est le contraire qui a lieu ; une haine profonde, cause de tous nos maux, divise des hommes faits pour s'entendre ; nous n'hésitons pas à confesser que c'est à la bourgeoisie que reviennent les premiers torts, ainsi que nous allons le démontrer au chapitre suivant.

AVÈNEMENT DE LOUIS-PHILIPPE

Nous avons dit que la génération de 1830 avait conservé toutes les vertus de nos ancêtres : des habitudes de tempérance, d'ordre et d'économie, l'amour de la liberté et *un dévoûment absolu à la patrie*.

Certes, si la nation, à ce moment-là, maîtresse d'elle-même par la chute de CHARLES X, *avait proclamé la République*, l'œuvre de 1789, sans nul doute, eut été reprise là où l'avait interrompue l'homme de Brumaire, et *le Concordat eut été aussitôt abrogé*, sans difficulté, sans secousse, sans agitation dans le pays, car, plus encore que ceux des villes, les habitants des campagnes *avaient en horreur le gouvernement des curés, les ordonnances* qui, jusque dans le hameau le plus reculé, gisaient mutilées sur les murs, en étaient du reste une preuve irréfragable.

Malheureusement, les deux chefs de l'insurrection qui se partageaient alors les faveurs populaires, ceux qui le 28 juillet avaient protesté avec le plus d'autorité, LAFAYETTE et LAFFITTE, eurent une influence considérable et funeste sur les destinées de notre malheureux pays.

Le premier, populaire entre tous, respectable débris de la Révolution, mais courbé sous le poids des ans et timoré comme le sont les vieillards, LAFAYETTE, oublia les bienfaits de la Révolution pour ne se ressouvenir que de la période douloureuse de l'enfantement, et se rallia à LAFFITTE qui, le 29 juillet, écrivit au duc d'Orléans : « Plus d'hésitation, une couronne ou un passeport. »

Et ce trône renversé et brisé, qui ne pouvait se relever que par une sorte de miracle, fut rétabli au profit de PHILIPPE-ÉGALITÉ, à l'aide de cette étrange formule imaginée pour la circonstance : « Un trône populaire entouré d'institutions républicaines. »

Mais bientôt ces deux grands citoyens se repentirent de leur faute.

LAFAYETTE, l'année suivante, rentra dans l'opposition, et quelques années plus tard, du haut de la tribune parlementaire, LAFFITTE demanda pardon à Dieu et aux hommes « d'avoir aidé à faire un roi. »

Cet homme de bien qui, après sa ruine, eut l'insigne honneur d'être réinstallé dans son hôtel par une *souscription nationale*, mourut en 1844, dix ans après LAFAYETTE.

Tout Paris assistait à ses funérailles, et cette imposante manifestation populaire en l'honneur de celui *qui s'était repenti d'avoir aidé à faire un roi*, fit chanceler sur sa base ce trône qu'une erreur avait fondé et que le souffle révolutionnaire de 1848 devait emporter.

*
* *

C'est donc bien à partir du roi-citoyen que commença la démoralisation de la France.

En effet, de même qu'avant 1789, sous Louis XVIII et sous Charles X, le « tiers, » autrement dit : la bourgeoisie et le peuple, ligués ensemble contre la noblesse et le clergé, avaient marché unis et d'accord, la main dans la main, et triomphé de l'ennemi commun.

Ayant tous *été à la peine*, il était juste et raisonnable *qu'ils fussent tous à l'honneur*.

Il n'en fut malheureusement rien.

Toutes ces libertés, qu'ils avaient conquises ensemble et auxquelles tous avaient les mêmes droits, ne furent accordées qu'à quelques-uns, savoir : aux plus riches.

Désormais, la fortune tiendra lieu de mérite ; à ceux qui possèdent de grands biens, *tous les honneurs ! tous les privilèges !*

Eux seuls auront le droit de s'occuper des affaires du pays.

Ils étaient en tout — deux cent mille! — disent les historiens.

Ainsi, dans toute la France, on ne comptait que deux cent mille électeurs seulement.

Le peuple avait aidé à tirer les marrons du feu au profit de la bourgeoisie ; à l'aristocratie de naissance avait succédé l'aristocratie d'argent.

L'égalité ne fut donc plus qu'un vain mot, et, comme conséquence logique et naturelle de cette *inégalité nouvelle*, la *solidarité*, cette vertu de nos pères, ce lien étroit qui doit unir tous les citoyens et qui fait leur force, la *solidarité*, disons-nous, disparut de nos mœurs et fut remplacée par cet *égoïsme* froid, inflexible et inepte, savoir : *l'antagonisme* entre le capital et le travail, antagonisme fatal, entretenu systématiquement par les inventeurs de cette devise inhumaine et cynique : *diviser pour régner*, antagonisme qui a toujours été en s'accentuant de plus en plus mais qui, dans un Etat libre, doit fatalement disparaître ainsi que disparaîtront les restrictions à la liberté du travail.

La République, n'en doutons pas, saura résoudre cet important problème, et de même qu'à l'*esclavage* a succédé le *servage*, et au *servage* le *salaire*, nous espérons bien qu'une condition moins précaire encore est réservée à nos descendants.

1848-1851

Le pays fit bien, il est vrai, en 1848, un vigoureux effort pour reprendre possession de lui-même et revenir aux principes de 1789.

Malheureusement, les mauvaises habitudes étaient déjà trop invétérées et le mal trop profond ; ces dix-huit années de corruption avaient éloigné de nous cette vigueur de l'âme, ces vertus mâles et républicaines sans lesquelles la vraie liberté ne peut exister ; la basse cupidité de l'or, dont le roi constitutionnel était le plus fervent adorateur, avait envahi la société tout entière, *l'amour de soi-même avait remplacé celui de la patrie*, les richesses tenaient lieu de vertus et le peuple, déshabitué de la chose publique, irrité contre cette aristocratie bourgeoise qui, par les lois des 31 mai[1], 8 juin[2] et 16 juillet[3] 1850, l'avait traité en ennemi, le peuple, disons-nous, apprit avec indifférence l'emprisonnement de ses représentants et les massacres des boulevards ; ignorant et ramolli, il ne comprit pas toute la portée de cet attentat, ne vit dans toutes ces violences que le rétablissement du suffrage universel et approuva par plus de sept millionsde suffrages le crime du Deux-Décembre.

Un an plus tard, de cette lâche compromission, naquit l'Empire ; la France, une deuxième fois, redevenait la proie de cette famille maudite dont l'histoire commence au *dix-huit brumaire* et finit à *Sédan*, — et dont le nom est synonyme d'*invasion*.

(1) Mutilation du suffrage universel.

(2) Sur la déportation.

(3) Sur la presse.

DÉCADENCE

Alors commença pour notre malheureux pays une ère nouvelle, l'*ère de la décadence*.

Sous un prince perdu de débauches et de crimes, qui rappelait par son cynisme le régent Philippe d'Orléans et le crapuleux Louis XV, le pays devait fatalement tomber *dans tous les dérèglements* ; c'est ce qui arriva.

Toutes les notions du juste et de l'injuste, du bien et du mal, furent méconnues : et tandis que sur les marches du trône on se vautrait dans l'infamie, le goût de la dépravation ou tout au moins des plaisirs frivoles et du luxe pénétrait lentement et profondément dans toutes les classes de la société, et, conséquence fatale et inéluctable, les vertus en sortaient.

Mais quand, pour ce grand criminel, sonna l'heure du châtiment, lorsque la nouvelle du désastre de Sédan vint apprendre à la France qu'elle était à la fois *vaincue et déshonorée,* pas un n'osa prendre la défense du misérable auteur de tous nos maux, encore moins *ceux qui avaient vécu de ses largesses,* car la honte les accablait et les obligeait à se taire.

Quoiqu'il leur en coûtât de le faire, ils étaient contraints d'avouer que si le célèbre Plonplon avait fait si triste figure à la bataille d'Alma, son auguste cousin avait, par sa couardise à Sédan, porté le dernier coup à la légende napoléonienne.

LÉON GAMBETTA

Et à ce moment de suprême angoisse pour le pays, qui donc a osé réclamer cette épée, l'épée de la France *qu'un lâche avait rendue sans combattre ?*

Est-ce l'un de ces prétendants sans vergogne qui, maintenant que le danger a disparu et que la France a repris son rang dans le monde, recommencent leurs éternelles intrigues en vue de rétablir un trône si souvent renversé, en vue de ressaisir le pouvoir dont ils ont fait, les uns après les autres, un si scandaleux usage ?

Non ! ils intriguaient afin de revenir, comme en 1814 et en 1815, *dans les fourgons prussiens.*

C'est la République qui l'a ramassée, cette épée, c'est la République en la personne d'un enfant du peuple, aussi grand par le talent que par le patriotisme, c'est GAMBETTA qui, après la capitulation de Metz, après la trahison de l'infâme Bazaine, a su rallumer dans tous les cœurs le feu sacré de la Patrie.

« Français, s'est-il écrié, élevez vos âmes et vos résolutions
« à la hauteur des effroyables périls qui fondent sur la Patrie !
« Il dépend encore de nous de lasser la mauvaise fortune, et
« de montrer à l'univers ce qu'est un grand peuple qui ne veut
« pas périr, et dont le courage s'exalte au sein même des catas-
« trophes ! »

« Et l'Europe, dit M. GEORGE, le vaillant sénateur des Vosges, vit avec admiration la France entière se jeter dans la lutte contre toute espérance, tenir tête aux formidables armées, malgré la défaite, malgré les rigueurs de la saison, et même faire un instant hésiter la fortune. »

Hélas ! que pouvait le courage de nos soldats, mal armés, mal vêtus, mal nourris, en face d'un ennemi dont les bataillons se renouvelaient sans cesse et dont les fourgons regorgeaient de vivres et de munitions ?

Il fallut succomber, mais au moins l'honneur était reconquis.

Désormais, on pourrait nous plaindre, mais non pas nous mépriser.

Ah ! que ce souvenir d'un horrible passé entretienne dans nos cœurs le culte sacré de la Patrie, car tous nos malheurs nous viennent *de l'avoir trop négligé au profit de nos intérêts individuels.*

La nation n'avait-elle pas à expier la faute d'avoir rétabli un régime qui lui avait fait tant de mal de 1804 à 1814 ?

Il devait en être ainsi, car un peuple qui se désintéresse de la chose publique, au point d'abandonner ses destinées au caprice et à la volonté d'un seul homme, doit subir tôt ou tard les conséquences funestes de sa coupable abdication ; *la Prusse, un jour, n'en doutons pas, en fera l'expérience à ses dépens.*

RÉSUMÉ

Ainsi, d'après cet exposé qui, à défaut d'autre mérite, a du moins celui d'être rigoureusement exact, il est impossible de ne pas admettre que le sort du peuple est beaucoup moins précaire qu'autrefois, et, qu'à l'avenir, l'extrême indigence disparaîtra totalement si nous avons l'énergie de corriger les mœurs que nous ont laissées le Gouvernement de Juillet et l'Empire, et surtout, si nous savons mépriser les calomnies réactionnaires qui tendent sans cesse, afin de leur faire perdre *leur légitime influence* sur les esprits, à *déconsidérer* les citoyéns les plus éminents de la République.

Et si l'on comprend enfin *qu'une heure de bonne et saine lecture* coûte moins et délasse mieux *qu'une heure passée au cabaret.*

*** *

Nous avons constaté, avec preuves à l'appui, quel était le sort du peuple Cent ans et la veille même de notre immortelle Révolution de 1789.

Nous avons vu que la *Déclaration des Droits de l'homme*, de *serfs* que nous étions, nous a faits *citoyens libres.*

Nous avons démontré ce qu'il nous en a coûté *d'avoir aliéné*, une première fois, nos droits en faveur de l'homme de Brumaire.

Nous avons assisté au retour des Bourbons et nous savons, *par les ordonnances,* ce qu'il adviendrait si jamais *le parti des curés* était triomphant.

Nous avons vu les d'Orléans à l'œuvre, et nous ressouvenons de leur devise.

Enfin, *le long sillon de sang et de boue* qu'a laissé, en fuyant comme un lâche, le criminel du Deux-Décembre, n'est pas encore effacé, et nos frères d'Alsace et Lorraine attendent dans une angoisse patriotique l'heure de la délivrance.

* * *

En face de ces sinistres figures qui représentent la BASTILLE, les INSTRUMENTS DE TORTURE, les DROITS FÉODAUX, les FUSILLADES, la DÉPORTATION, et, tout récemment, la PATRIE MUTILÉE, la RUINE et le DÉSHONNEUR, se dressa une première fois, majestueuse et fière — la République !

Elle tenait, d'une main, la balance de la Justice, et, de l'autre, la corne d'abondance d'où s'échappèrent toutes les réformes, tous les progrès, toutes les libertés, savoir : le MARIAGE CIVIL, l'ABOLITION DU DROIT D'AINESSE, le MORCELLEMENT DES GRANDES PROPRIÉTÉS, l'UNITÉ DES POIDS ET MESURES, la DÉCLARATION DES DROITS DE L'HOMME, l'INVIOLABILITÉ de la PERSONNE, du DOMICILE et de la PROPRIÉTÉ, la LIBERTÉ du TRAVAIL, la LIBERTÉ de CONSCIENCE, etc., etc.

Elle reparaît en 1848 pour décréter le SUFFRAGE UNIVERSEL et l'ABOLITION DE LA PEINE DE MORT EN MATIÈRE POLITIQUE.

Enfin, en 1870, *l'année terrible*, la nation tout entière l'acclame comme une libératrice.

Depuis cette époque, elle a cicatrisé toutes les blessures, rétabli notre crédit, reconstitué notre armée, rempli nos arsenaux et couvert notre territoire de maisons d'école où tous, riches et pauvres et quelle que soit leur religion, viennent apprendre les vérités scientifiques et, en même temps, l'amour de la Fraternité qu'ils pratiqueront encore, plus tard, sous les drapeaux.

Et maintenant que la France a repris son rang dans le concert des nations, alors que notre puissante organisation militaire, non seulement nous assure notre indépendance mais encore nous facilite les moyens de faire triompher en Europe notre politique franchement pacifique, alors qu'une ère de légitime espérance s'ouvre pour le pays, tous ces princes qui, jadis, ont soulevé contre eux-mêmes l'indignation nationale, s'efforcent, par leurs hypocrites alarmes, de déchaîner les mauvaises passions, d'attirer sur la patrie *les horreurs de la guerre civile*, dans l'espoir de ressaisir le Pouvoir dont, par des votes successifs et mémorables, ils ont été si souvent déclarés indignes.

JACQUES BONHOMME

A toi, Jacques Bonhomme, de décider si tu veux *encore courber l'échine et endosser le bât.*

Si oui, laissé calomnier, diffamer tes élus, sans les défendre, comme tu as déjà laissé calomnier, diffamer *Gambetta* sans protester. Dis à tes enfants de continuer à se dénigrer les uns les autres, à se diviser, à l'époque des élections, en différents comités, afin de faciliter, comme ils l'ont déjà fait, l'entrée des cléricaux à la Chambre.

Si, au contraire, *tu en as assez des rois et des empereurs,* si tu *préfères la liberté à l'esclavage,* la sécurité à l'inquiétude, souviens-toi que l'union fait la force, conseille à tes fils de ne pas imiter Gros-Jean qui avait la prétention d'apprendre à son curé à dire la messe, ni ce cordonnier qui, se permettant de critiquer un tableau d'*Appelle,* le plus illustre des peintres grecs (IVᵉ siècle av. J.-C.), s'attira cette verte réplique : *Cordonnier, tiens t'en à la chaussure.*

Dis-leur qu'il vaut mieux laisser faire à chacun son métier, car, quelqu'intelligent, quelqu'adroit que soit un homme, il ne fera jamais un habit aussi bien qu'un tailleur, ni une statue aussi bien qu'un statuaire.

Il en est de même en politique.

Explique-leur, à tes fils, que, dans un atelier, celui qui est sans cesse gourmandé par son patron se trouble et travaille moins bien ; et que l'on ne peut juger un ouvrier que d'après son travail et lorsque ce travail est fini.

Qu'on doit agir de même avec les élus. — Les juger, d'après leurs actes, quand leur mandat est expiré.

Cite-leur encore cette pensée profonde d'un philosophe dont le nom nous échappe :

« Les peuples qui aiment la liberté doivent toujours se
« défier des protestations de civisme que leur font les
« descendants des races princières. »

***

Emploie ton éloquence au service de la meilleure des
causes ; fais leur comprendre que ceux qui dirigent le char
de l'Etat ont besoin de toute leur présence d'esprit afin de
ne point verser dans l'ornière ; qu'ils doivent pouvoir comp-
ter sur le concours de tous les républicains — parce qu'ils
ont la confiance des deux Chambres — parce qu'ils ont'
puissamment contribué à l'établissement et ensuite à la con-
solidation de la République, et, enfin, — parce qu'en organi-
sant l'enseignement laïque et obligatoire, ils ont, ainsi que
l'a dit tout récemment et sur un ton menaçant le duc de
Broglie, à la tribune du Sénat, ils ont pris *une des plus
terribles responsabilités* qui ait jamais pesé sur une tête
humaine.

Qu'à ces différents titres, *ils ont bien mérité de la patrie*
— qu'ils sont dignes du respect et de la confiance, non-
seulement de tous les républicains, mais encore *de tous
ceux qui ont en horreur la guerre civile.*

Si tes enfants suivent tes conseils, sois certain, Jacques
Bonhomme, qu'un avenir heureux leur est réservé, car la
République, débarrassée désormais des entraves réactionnaires — s'engagera résolûment dans la voie du progrès
et des réformes.

DEDIEU Jeune,

Maire de Villeurbanne (Rhône)

Lyon. — Imp. P.-M. Perrellon, grande rue de la Guillotière, 28.